AF534634

Bibliografische Information der Deutschen Nationalbibliothek:

Die Deutsche Bibliothek verzeichnet diese Publikation in der Deutschen Nationalbibliografie; detaillierte bibliografische Daten sind im Internet über http://dnb.d-nb.de/ abrufbar.

Impressum:

Druck und Bindung: Books on Demand GmbH, Norderstedt Germany
ISBN: 9783668334441

Dieses Buch bei GRIN:

http://www.grin.com/de/e-book/339752/spracherwerb-hoergeschaedigter-und-gehoerloser-kinder

Deborah Engelhardt

Spracherwerb hörgeschädigter und gehörloser Kinder

GRIN Verlag

Universität Siegen

Philosophische Fakultät I

Germanistik - Sprachwissenschaft I

Seminar: Spracherwerb und Kognition

Semester: Sommersemester 2016

Hausarbeit

Spracherwerb hörgeschädigter bzw. gehörloser Kinder

Referentin: Deborah Engelhard

Studiengang: Bachelor Lehramt Gymnasium (Deutsch, Chemie)

Fachsemester: 6 bzw. 4

Inhaltsverzeichnis

1 Einleitung

Zu diesem Thema sind meine Kommilitonin und ich durch reines Interesse gekommen. Wenn man sich Gedanken zum Seminarthema mach, nämlich dem Spracherwerb von Kindern, kommt man meiner Meinung nach auf die Gedanken: „Wie erlernen eigentlich Kinder die Sprache wenn sie eine Hörschädigung oder gar gehörlos sind?“.

Ich denke auch hinsichtlich unserer späteren Berufslaufbahn, die des Lehrers, ist es sehr wichtig sich im Voraus mit dem Thema auseinanderzusetzen, denn wenn man dann im eigenen Unterricht auf einmal ein Kind hat was eine Hörschädigung hat oder gehörlos ist, sollte man wissen wie man professionell damit umgeht.

In meiner Hausarbeit möchte ich mich mit dem Thema des Spracherwerbs hörgeschädigter bzw. gehörloser Kinder beschäftigen. Hierzu möchte ich insbesondere auf das Erkennen einer Hörschädigung eingehen, die Unterstützung der hörgeschädigten Kindern durch Technik und den Erwerb von Gebärdensprache, Lautsprache und Schriftsprache bei gehörlosen Kindern unter Einbezug von Fallbeispielen.

2 Gehörlosigkeit

2.1 Definitionen

„Als Gehörlos bezeichnet man Menschen, bei denen im frühen Kindesalter (prä-, peri- oder postnatal) vor Abschluss des Lautspracherwerbs (also prälingual) eine so schwere Schädigung des Gehörs vorliegt, dass seine Funktionstüchtigkeit hochgradig bis total beeinträchtigt ist.“ (Leonhardt 2010)

> Aus medizinischer Sicht wird Gehörlosigkeit über den Grad des Hörverlustes defi- niert. Von gehörlos oder taub spricht man bei einem mittleren Hörverlust von mehr als 120 dB. Hier kann auch mit Hörgeräten Sprache nicht mehr verstanden werden. Daneben gibt es den Begriff der Resthörigkeit. Dieser beinhaltet einen mittleren Hör- verlust von 90 bis 120 dB. Hier verfügt das Kind über so genannte Hörreste, die für eine Sprachwahrnehmung genutzt werden können (Müller 1994).

2.2 Grade der Hörschädigung

Der durchschnittliche oder mittlere Hörverlust (mHv) wird seit Löwe (1974) durch das arithmetische Mittel der Reintonaudiogrammwerte der Requenzen 500 Hz, 1.000 Hz und 2.000 Hz auf dem besseren Ohr angegeben.

Nach Schmalbrock (2002) werden auf Basis des Umfangs des mittleren Hörverlustes die Hörschäden hinsichtlich des Ausmaßes des Hörverlustes eingeteilt in: Leichtgradige Schwerhörigkeit (mHv bis 40 dB), mittelgradige Schwerhörigkeit (mHv 40 – 70 dB), hochgradige Schwerhörigkeit (mHv 70 – 100 dB) und Gehörlosigkeit (mHv > 100 dB).

Rien (2007) unterteilt die Grade der Hörschädigung geringfügig anders:
Bei der Geringgradigen Hörschädigung beträgt der Hörverlust 10 – 40 Dezibel. Umgangssprache wird aus einem Abstand von mehr als 4 Metern verstanden. Hier kann bei einem Hörverlust von 0 – 20 dB auch von einer vernachlässigbaren Hörschädigung gesprochen werden. In der Regel ist ein Sprachverständnis auch ohne Hörgeräteversorgung möglich.
Bei der Mittelgradigen Hörschädigung beträgt der Hörverlust zwischen 40 – 60 Dezibel. Hierbei wird Umgangssprache nur noch aus einem Abstand von 1 – 4 Metern verstanden. Da sich der Hörverlust bereits im Sprachbereich befindet, wird von einem Hörgeschädigten, der nicht mit einer Hörhilfe versorgt ist, Kommunikation und die Aufnahme von Informationen als belastend und anstrengend empfunden. Hier führt eine nicht optimale Versorgung bereits zur Erschöpfung, Aufnahme von Fehlinformationen und Missverständnissen und damit verbundenen negativen Erlebnissen.

Bei der Hochgradigen Schwerhörigkeit beträgt der Hörverlust zwischen 60 – 80 Dezibel. Umgangssprache wird nur noch aus einer Entfernung von ca. 25 Zentimeter und 1 Meter Abstand zum Ohr verstanden. Normale Umgangssprache wird in einem normalen Abstand nicht mehr verstanden. Ohne ausreichende Kompensierung durch technische Hilfsmittel ist eine Teilnahme an Gesprächen oder einer Aufnahme von Informationen nicht mehr möglich. Hierbei ist eine Hörgerätversorgung unabdingbar.

Bei der an Taubheit grenzenden Schwerhörigkeit spricht man von einem Hörverlust der größer als 90 Dezibel ist. Selbst die leistungsstärksten Hörgeräte werden nicht in der Lage sein, ein Sprachverständnis herbeizuführen. Umgangssprache wird nur noch bei einem Abstand zum Ohr von 25 Zentimetern verstanden. In der Regel liegt hier bereits eine Indikation für eine Cochlea-Implantat-Versorgung vor. Dieser Grad des Hörverlustes geht bereits mit einer Sprachstörung einher, wenn der Hörverlust bis zum siebten Lebensjahr eingetreten ist.

Bei der Gehörlosigkeit beträgt der Hörverlust deutlich über 95 Dezibel. Auch mit technischen Hilfsmitteln wird es nicht mehr möglich sein, überhaupt Sprachverständnis herbeizuführen. Von einer Gehörlosigkeit spricht man, wenn die Hörschädigung vor Abschluss des Spracherwerbs eingetreten ist. In der Regel wird heutzutage diese Form der Hörschädigung mit einem Cochlea-Implantat versorgt.

2.3 Erkennen einer Hörschädigung: Neugeborenenscreening

Nach Schmalbrock (2002) können beim Neugeborenenscreening Hörschädigungen schon früh durch flächendeckendes Screening gleich nach der Geburt erkannt werden. Als praktikable, effiziente und effektive Screening-Methode (TEOAE) zur Erkennung von Hörschädigungen bei Neugeborenen hat sich die Messung der otoakustischen Emission (OAE) des Innenohres bewährt. Otoakustische Emissionen lassen sich an schlafenden Säuglingen zuverlässig messen, wobei die Messdauer pro Ohr ca. fünf Minuten dauert. Im Gegensatz zu den Hirnstammpotentialien, deren Ausbildung wegen der Hörbahnreifung erst ab dem ersten Lebensjahr abgeschlossen ist, sind OAE vom dritten Lebenstag an nachweisbar, da die Cochlea bereits bei der Geburt voll ausgereift ist. Sind OAE bei Säuglingen und Kleinkindern mit spektralen Anteilen im Frequenzbereich zwischen 1 und 5 kHz vorhanden, kann davon ausgegangen werden, das eine normale Mittel- und Innenohrfunktion vorliegt. Fehlen die Emissionen, weist dies auf eine Hörschädigung hin; weitere diagnostische Aussagen lassen sich jedoch nicht treffen. Erst eine weiterführende Diagnostik ermöglicht ein differenziertes Urteil über Art und Ausmaß des Hörschadens (vgl. Lehnhardt/Laszig 2000).

2.4 Risikofaktoren

Es gibt laut Horsch (2004) einige Risikofaktoren, die schon im Voraus auf eine angeborene Schwerhörigkeit hindeuten können: Familiäre Schwerhörigkeit, Blutsverwandtschaft der Eltern, Frühgeborene (< 1500 g, vor der 32. SSW), Perinatale Asphyxie (Apgar < 5 nach 1 min), kritische Hyperbilirubinaemie, Craniofaciale Fehlbildungen, angeborene Infektionen + neonatale Infektionen (Sepsis, Toxoplasmose, Zytomegalie, Herpes), Therapie mit Aminoglykosiden u. a. ototoxischen Substanzen, Persistierende pulmonale Hypertension, Beatmung > 5 Tage, Syndrome mit Beteiligung der Hörfunktion und Abusus (Medikamente, Alkohol, Drogen).

2.5 Technische Hilfen

Bei organisch bedingten physiologischen Hörschäden unterscheidet man zwischen einer Schallleitungs- und einer Schallempfindungsschwerhörigkeit sowie kombinierten Formen von beiden (vgl. Diller 1997).

2.5.1 Hörgeräte

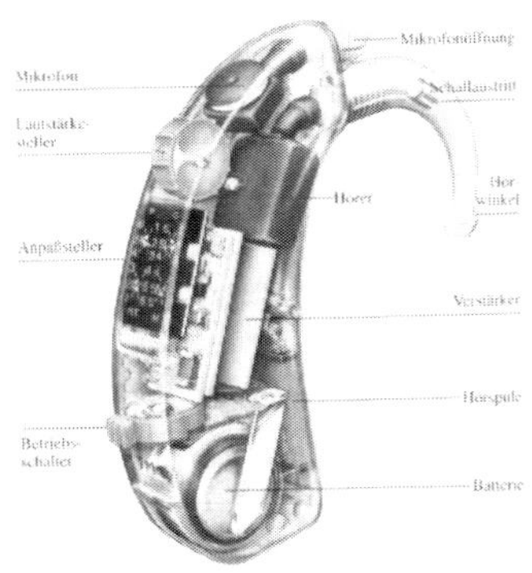

Quelle: http://www.hoerbiko.de/seiten/wissen/hoerg.php?action=print

Schallleitungsstörungen beruhen auf Funktionsstörungen des Gehörgangs, des Trommelfells oder des Mittelohrs und können durch operative Maßnahmen oder Hörgeräte so kompensiert werden, dass die Hörfähigkeit nahezu vollständig wiederhergestellt wird.

Hörgeräte dienen dazu, Hörschall, vor allem Sprache, so zu verstärken, dass der Hörgeschädigte besser hören und verstehen kann. Heute verwendet man als technische Hörhilfen elektroakustische Geräte. Jedes Hörgerät besteht im Prinzip aus vier Funktionseinheiten: Mikrophon, Verstärker, Regler und Hörer (siehe Abbildung). Das Mikrophon nimmt das akustische Signal auf und wandelt es in elektrische Schwingungen um. Der Verstärker verstärkt das Signal. Die dafür notwendige Energie stammt aus der Stromquelle (Akku / Batterie). Mit dem Regler kann die Stärke des elektrischen Signals geregelt werden und der Hörer verwandelt die elektrischen Schwingungen wieder in Schallschwingungen zurück, so dass sie vom Ohr des Hörgeschädigten aufgenommen werden können.

2.5.2 Cochlea-Implantat

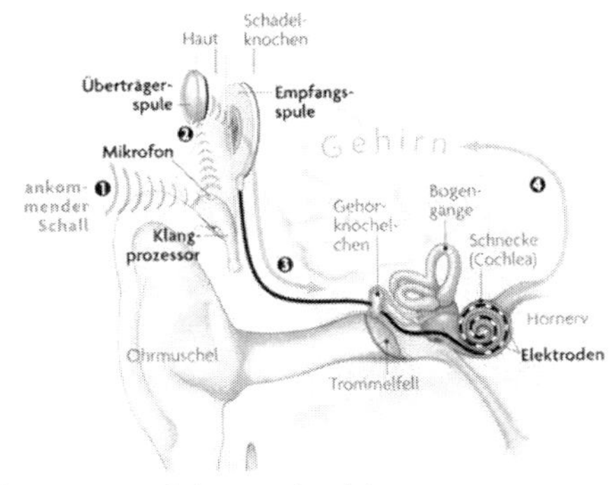

http://www.apotheken-umschau.de/multimedia/178/42/59/95041208337.jpg

Schallempfindungsschwerhörigkeiten sind Hörstörungen im Innenohr. Sie sind meistens mit dem Ausfall oder Funktionsstörung der Haarzellen in der Cochlea (der Hörschnecke) verbunden. Es können aber auch, relativ selten, die Nervenbahnen des Hörorgans geschädigt sein. Die große Mehrheit der kindlichen Hörstörungen sind Schallempfindungsstörungen. Durch individuell angepasste Hörgeräte kann ein Hörverlust relativiert bzw. ausgeglichen werden. Seit einigen Jahren besteht die Möglichkeit einer Cochlea-Implantation.

Das Cochlea-Implantat (im folgenden CI) ist eine technische Hörhilfe, eine Innenohrprothese, die ertaubten und gehörlosen Menschen operativ eingesetzt wird. Das CI eignet sich für Personen, deren Ertaubung oder Gehörlosigkeit Folge eines Funktionsausfalls des Innenohrs ist. Der Hörnerv und das zentrale Hörsystem müssen jedoch regulär arbeiten. Die Ergebnisse hängen von der Funktionstüchtigkeit des

Hörnervs und seiner Fasern sowie von der vorhandenen Wahrnehmungsfähigkeit ab, d.h. der Fähigkeit des Gehirns, das Wahrgenommene zu empfangen und zu verarbeiten (Plath 1995). Das CI besteht aus einem Mikrophon, dem Sprachprozessor (auch Sound- oder Audioprozessor), der Sendespule, der Empfängerspule, dem Empfänger-Stimulator und den Elektroden (siehe Abbildung).

3 Sprachentwicklung von gehörlosen Kindern

Das Besondere am Spracherwerb gehörloser Kinder im Vergleich zu hörenden ist, dass diese heutzutage praktisch drei Sprachen lernen. Die Gebärden-, Laut- und Schriftsprache. Generell muss bei der Beschreibung des Spracherwerbs von gehörlosen Kindern jedoch zuerst zwischen zwei gänzlich unterschiedlichen Situationen unterschieden werden: (1) Das Kind wächst in einem gebärdenden Umfeld – bei gehörlosen Eltern – auf (10% aller Fälle); (2) Das Kind wächst in rein lautsprachlicher Umgebung auf (90% aller Fälle).

Gehörlose Kinder gehörloser Eltern wachsen in einem für sie sprachlich idealen, angemessenen, also visuell kommunizierenden, Umfeld auf.

Für diese Kinder ist Gebärdensprache die „altersgemäße, befriedigende und funktionierende Kommunikation in, der und durch die sie sich entfalten können“ (Wisch 1990). Dies und die bessere Akzeptanz durch die gehörlosen Eltern führen laut Wisch zu dieser besseren sprachlichen Entwicklung. Die „emotionale und sprachliche Anpassung“ der Familie an ihr Kind ist die beste Absicherung für eine normale Entwicklung (Krausneker 2006). Eine rein orale Erziehung kann also ein gravierendes Defizit an Kommunikation und menschlicher Nähe bedeuten.

So haben gehörlose Kinder hörender Eltern, abhängig von zahlreichen äußeren Faktoren (Zeitpunkt der Feststellung der Gehörlosigkeit, Akzeptanz, pädagogische Beratung), oft ein „subideales sprachliches und kommunikatives Umfeld“. Oftmals treten diese gehörlosen Kinder erst im Kindergartenalter mit anderen visuell kommunizierenden Kindern in Kontakt. Auch fehlt – mangels gehörloser Erzieher und Lehrer – ein Kontakt zu erwachsenen Gehörlosen. Somit entfällt der sprachliche "Input auf Erwachsenen-Niveau" und der Erwerb der Erstsprache – der Gebärdensprache des jeweiligen Landes – ist verzögert.

3.2 Erstsprachenerwerb: Gebärdensprache

3.2.1 Wird Gebärdensprache anerkannt?

Noch heute kommt oft die Frage auf, ob Gebärdensprache überhaupt eine „echte“ Sprache, im Vergleich zu den Lautsprachen darstellt.

Gebärdensprachen sind (oft fälschlicherweise auch als Zeichensprachen bezeichnet) allgemein linguistisch als vollwertige eigenständige visuelle Sprachen anerkannt. Sie

lassen sich, genau wie Lautsprachen, in nationale Sprachen und regionale Dialekte unterteilen und gelten als Erstsprache der Gehörlosen – für diese die einzige Sprache, die barrierefrei produziert und wahrgenommen werden kann.
„Die Deutsche Gebärdensprache verfügt über einen umfassenden Gebärdenschatz (Lexikon) und eine ausdifferenzierte Grammatik. Sie kann prinzipiell dasselbe leisten wie jede Lautsprache."

3.2.2 Österreichische Gebärdensprache (ÖGS)

Eine Gebärdensprache besteht aus manuellen Mitteln wie kombinierten Zeichen (Gebärden) und aus nicht-manuellen Mitteln wie Mimik, Mundbild und Körper- bzw. Kopfhaltung. Es gibt vier distinktive Elemente einer Gebärde: Handform, Handstellung, Bewegung und Ausführungsstelle. In der ÖGS gibt es 20 Handformen, sechs Handstellungen und 18 Ausführungsstellen mit 24 Bewegungsaspekten. Darüber hinaus existieren genaue Regeln, welche Handformen, Handstellungen, Bewegungen und Ausführungsorte „erlaubt" sind. Ändert sich nur ein Element der Gebärde, kann eine völlig andere Bedeutung entstehen (Minimalpaare). Somit gibt es unendliche viele Kombinationsmöglichkeiten.
Dem Phonemregister von Lautsprachen entsprechen also in den Gebärdensprachen die Handformen-Register (vgl. Chamberlain 2000).

3.2.3 Erwerb der Gebärdensprache

Studienergebnisse von Petitto (2000) belegen empirisch, „dass ein vollkommen normaler Spracherwerb gleichermaßen im oral-lautlichen als auch im gestisch-visuellen Modus stattfinden kann".
Für nicht hörende Kinder kann „nur eine visuelle Sprache ohne Verlust und Zusatzanstrengung wahrgenommen" werden (Krausneker 2006). Zudem ist Sprache überhaupt nicht auf die lautliche Äußerung angewiesen. Für das Gehirn spielt es wohl keine Rolle, über welchen Kommunikationsweg, sei es die Laut- oder Gebärdensprache, ein Zeichen übermittelt wird. Obwohl die Gebärdensprache auf visuellen Signalen beruht, ist bei Gehörlosen, die mit Hilfe der Gebärdensprache kommunizieren, genau dieselbe Hirnregion (Planum temporale) zur Verarbeitung der sprachlichen Signale aktiviert wie bei hörenden Menschen (Caplan 2000).

Weil es den natürlichsten Weg darstellt, ist es heute weit verbreitet, den Kindern als *erstes* die Gebärdensprache ihres Landes beizubringen. Der österreichische Gehörlosen-Bund z.B. plädiert dafür, dass auch hörende Eltern Gebärdensprachkurse belegen und ihrem Kind einen frühen Kontakt zu anderen gehörlosen Kindern und Erwachsenen ermöglichen. Nur so wächst das Kind, zumindest in dieser gehörlosen

Gesellschaft, ohne Sprachbarrieren auf und kann sich differenziert und sehr genau mitteilen sowie andere ohne Mehraufwand verstehen.

„Aktuelle Studien belegen eindeutig, dass jene Kinder, die von Geburt an in einem gebärdensprachlichen Umfeld aufwachsen, exakt die selben Erwerbsphasen durchlaufen wie hörende Kinder in einem lautsprachlichen Umfeld“ (Masataka 2000).

Laut Petitto herrscht für den gesamten Verlauf des natürlichen Spracherwerbs einer gebärdeten Sprache „vollkommene Parallelität mit den bis heute gut erforschten Phasen des Lautspracherwerbs hörender Kinder“.

Es gibt allerdings zwei grundlegende Probleme der Gebärdensprache: (1) Sie ist nicht schriftlich und nicht in allgemein leicht zu lesenden Zeichen fixierbar (Versuche existieren, die sich allerdings (noch) nicht durchgesetzt haben). (2) Sie ist in der Gesellschaft kein allgemein gebrauchtes Kommunikationsmittel (vgl. Lindner 1994). Somit ist die Gebärde immer nur in einem sehr ausgewählten Personenkreis anwendbar.

3.3 Zweitsprachenerwerb: Lautsprache

Um also auch in anderen Kreisen kommunizieren zu können und somit eine Isolierung von der Gesellschaft zu überwinden, wird gehörlosen Kindern die Lautsprache und deren abgeleitete Zweitform – die Schrift – beigebracht (vgl. Lindner 1994).

Beim Erwerb der Lautsprache gibt es natürlich ab einem gewissen Zeitpunkt einen großen Unterschied in der Entwicklung von hörenden und nicht hörenden Kindern.

„Die Kommunikationsentwicklung hörgeschädigter Kinder verläuft zunächst ähnlich wie die hörender. Die erste Lallperiode zwischen der 6. Lebenswoche und etwa dem 6. Monat ist vorhanden“ (Peltzer-Karpf 1994). Das Lallen gehörloser Kinder ist jedoch ohne regelmäßigen Rhythmus, die Stimme kann einen etwas unnatürlichen Klang haben.

Die zweite Lallperiode, die durchschnittlich zwischen dem 6. und 9. Monat stattfindet und die die „typische Reduktion der durch Zufall entstandenen Urlaute auf die Laute der Muttersprache“ aufweist, fehlt bei gehörlosen Kindern. Lautgebilde und Äußerungen des Kindes verstummen spätestens im zweiten Lebensjahr, da [durch Fehlen des auditiven Analysators] die Wahrnehmung der eigenen akustischen Produktion fehlt. Daraus entsteht eine Verlängerung der präverbalen Phase.

Der wichtigste Aspekt ist die allgemeine sprachliche Entwicklungsverzögerung. Diese hängt natürlich stark davon ab, ab welchem Zeitpunkt Eltern und Ärzte Frühförderungsmaßnahmen einleiten, sowie auch von individuellen Faktoren wie persönlichen Erfahrungen und der jeweiligen kognitiven Leistungsfähigkeit des Kindes. Daher gibt es nicht den einen Spracherwerb „des“ gehörlosen Kindes. Man muss also die vielen inneren und äußeren Faktoren beachten.

Hörgeschädigte Kinder sind in der Lage, verschiedene syntaktische Strukturen zu erwerben. Das „Erwerbstempo ist jedoch aufgrund des [...] kompletten Ausfalls des auditiven Kanals und [...] einer dadurch bedingten Reduktion des [lautlichen] Sprachmaterials bzw. des Inputs verlangsamt".

Für den Erwerb der Lautsprache betrifft die Hörschädigung den syntaktisch-morphologischen Bereich, Wortschatz, Artikulation und dynamischen Akzent der Sprache. Die Sprache der gehörlosen Kinder klingt häufig unmelodisch, undeutlich und verwaschen.

Auch die rhythmische und melodische Gliederung eines Sprachgebildes kann ja akustisch nicht mitverfolgt werden, wodurch „eine Art Gestaltwahrnehmung der Mitteilung" möglich wäre.

Ein „mangelhaftes Sinnverständnis kann zu Fehlinterpretation von Sätzen führen, weil sich der Sinn der Aussage erst aus der Struktur eines Satzes und nicht aus den einzelnen Wörtern [andere Satzstellung in der Gebärdensprache], ergibt, wobei v.a. die Funktionswörter, die den Inhalt eines Nebensatzes bestimmen, ausschlaggebend sind. Dieses eingeschränkte Sinnverständnis tritt sowohl bei gesprochener Sprache als auch im schriftlichen Bereich auf."

Höchst interessant ist die Betrachtung des Wortschatzes. Gehörlose Kinder verfügen bei Schuleintritt, wenn sie oral – also lautsprachlich – gut gefördert wurden, durchschnittlich über ein aktives/passives Vokabular von ca. 250/500 Wörtern. Hörende können/kennen im Vergleich dazu jedoch 3.000 bis 3.800/19.000 Wörter (vgl. Krammer 2001). Gründe dafür sind die Verständnisprobleme und der Mangel an sprachlichem Input.

Diese Kinder lernen, wie in der Einleitung schon erwähnt, nicht im Vorübergehen. Sie müssen sich all ihr Wissen, also z.B. die verschiedenen Synonyme für ein Wort, *aktiv* aneignen. Das bedeutet, etwas darüber lesen (gute Lesekompetenz) oder es explizit erklärt bekommen. Ein Gespräch am Nachbartisch, das Radio, welches nebenbei läuft, das Telefonat des Sitznachbarn im Zug – all das bleibt Gehörlosen „verborgen".

3.4 Drittsprachenerwerb: Schriftsprache

Die Gebärdensprache ist eigentlich unerlässlich für die gesunde Entwicklung von gehörlosen Kindern.

Weil aber die Schriftsprache eine entscheidende Rolle für die schulische Laufbahn und das „Überleben im Alltag" darstellt, wachsen heutzutage, wie gesagt, die meisten Kinder bilingual auf – mit Gebärden- und Lautsprache - oder dreisprachig, also

zusätzlich und begleitend schon ab ca. dem zweiten Lebensjahr mit der Schriftsprache als Hilfe für die Lautsprachproduktion.
Außer Frage steht, egal nach welcher Methode unterrichtet wird, immer ein großes Defizit gerade in der Schriftsprachkompetenz gehörloser Kinder, das meist nie aufzuholen ist: Das Niveau Gehörloser beim sinnfassenden Lesen entspricht beim Abgang aus der zehnjährigen Gehörlosenschule nur dem eines hörenden Kindes von acht Jahren (vgl. Wirth 1994).

4 Fazit

Wenn man die kommunikative Kompetenz gehörloser Kinder mit hörenden vergleicht, ist die wichtige Rolle der gewählten Kommunikationsart zu beachten. So wird es in schriftlicher Kommunikation größere Unterschiede geben als in der direkten Unterhaltung in der jeweiligen „Muttersprache“, die für hörende Kinder die Lautsprache und für gehörlose eben die Gebärdensprache darstellt.
Zudem ist die sprachliche Leistungsfähigkeit gehörloser Kinder oft durch große individuelle Differenzen gekennzeichnet, was allgemeine Aussagen eigentlich nicht möglich macht.

Wichtig ist es auch, gerade bei der Betrachtung eines scheinbar nicht regelgerechten Spracherwerbsprozesses (entscheidend ist wieder die Frage nach dem Erwerb welcher Sprache), sich die Voraussetzungen für den Spracherwerb zu vergegenwärtigen. Hier ist z.B. die sensomotorische Entwicklung zu nennen, da sich Entwicklungsdefizite in diesem Bereich sehr stark auf die Sprachentwicklung auswirken. Daneben spielen natürlich auch die sozialen Umweltfaktoren, also v.a. die Interaktion mit den Eltern, eine entscheidende Rolle – gerade bei Kindern, die in ihrer Sinneswahrnehmung eingeschränkt sind oder die einen Sinn „entbehren müssen“, aber auf die lautsprachliche Kommunikation angewiesen sind. Die sprachliche Entwicklung ist auch abhängig von zahlreichen äußeren Faktoren wie der Früherkennung der Hörschädigung, gutem ärztlichen Rat, ausgebildeten Pädagogen, individueller Förderung und der Bereitschaft der hörenden Eltern, die Gebärdensprache gut zu lernen, sowie die Eigenmotivation des Kindes – bewirkt durch ein positives Umfeld.

Literaturverzeichnis

Chamberlain, C. et al. (2000): Language Acquisition by Eye. London.

Horsch, U. (Hrsg.) (2004): Früherziehung hörgeschädigter Säuglinge und Kleinkinder – Ein Handbuch. Hamburg.

Krammer, K. (2001): Schriftsprachkompetenz gehörloser Erwachsener. Veröffentlichungen des Forschungszentrums für Gebärdensprache und Hörgeschädigtenkommunikation der Universität Klagenfurt: Band 3.

Krausneker, V. (2006): Taubstumm bis gebärdensprachig. Die österreichische Gebärdensprachgemeinschaft aus soziolinguistischer Perspektive. Bozen.

Leonhardt, A. (2010): Einführung in die Hörgeschädigtenpädagogik. 3. Auflage. München.

Lindner, G. (1994): Entwicklung von Sprechfertigkeiten bei gehörlosen, stammeln- den, geistig behinderten und Spaltkindern. Berlin.

Masataka, N. (2000): The Role of Modality and Input in the Earliest Stage of Language Acquisition: Studies of Japanese Sign Language. 3-24. In: Chamberlain, C. et al. (2000): Language Acquisition by Eye. London.

Müller, R. (1994):... ich höre – nicht alles!: Hörgeschädigte Mädchen und Jungen in Regelschulen. In: Heidelberger pädagogische Schriften 21. Heidelberg. 17.

Peltzer-Karpf, A. (1994): Spracherwerb bei hörenden, sehenden, hörgeschädigten, gehörlosen Kindern. Tübingen, 26-32.

Petitto, L.-A. (2000): The Acquisition of Natural Signed Languages: Lessons in the Nature of Human Language and Its Biological Foundations. 41-50. In: Chamberlain, C. et al. (2000): Language Acquisition by Eye. London.

Rien, O. (2007): Behinderungsspezifisches Training zur Förderung von Kompetenzen bei hörgeschädigten Regelschülern – Darstellung eines Übungsprogramms zum bewussten Umgang mit der eigenen Hörschädigung. Hamburg.

Schmalbrock, C. (2002): Verstehen und Verständigung – Zur Entwicklung und Frühförderung von Kindern mit Hörschädigung. Butzbach-Griedel.

Wirth, G. (1994): Entwicklung der kindlichen Sprache. In: Sprachstörungen, Sprech- störungen, kindliche Hörstörungen. Lehrbuch für Ärzte, Logopäden und Sprachheilpädagogen. 4. Auflage. Köln, 97-117.

Wisch, F.-H. (1990): Lautsprache UND Gebärdensprache. Die Wende zu Zweispra- chigkeit in Erziehung und Bildung Gehörloser. Hamburg.

Caplan, D. (2000): Language-related cortex in deaf individuals: Functional specialization for language or perceptual plasticity? In: Proceedings of the National Academy of Sciences of the United States of America. 5. Dezember 2000. Ausgabe 97(25): 13476-13477. http://www.pubmedcentral.nih.gov/articlerender.fcgi?artid=34084 (aufgerufen am 31.08.2016)

Österreichischer Gehörlosenbund: http://www.oeglb.at/gebaerdensprache/ (aufgerufen am 31.08.2016)

Österreichische Gebärdensprache: http://www.oegsdv.at/gehoerlosigkeit-gebaerdensprache/gebaerdensprache/ (aufgerufen am 31.08.2016)